AF305741

F. DE MÉLY

LA
SAINTE COURONNE D'ÉPINES
A
NOTRE-DAME DE PARIS

PARIS (VIe)

LIBRAIRIE ERNEST LEROUX

28, Rue Bonaparte, 28

LA SAINTE COURONNE D'ÉPINES
A NOTRE-DAME DE PARIS

DU MÊME AUTEUR

Sur les Reliques et les Tresors d'Églises

Les chemises de la Vierge. Chartres, Garnier, 1885, in-8°.
Le Chef de saint Tugual à Chartres Caen, Leblanc, 1885, in 8°.
Le Trésor de Chartres. Paris, Picard, 1886, 1 vol. gr. in-8°.
Le Grand Camée de Vienne. Paris, Lévy, 1886, gr. in 4°. — Toulouse, Société archéol. du midi de la France, 1894, gr. in-4°.
Les Inventaires de Saint-Père-en-Vallée. Paris. Picard, 1887, gr. in-8°.
La Crosse dite de Ragenfroid. Paris, Lévy, 1888, gr. in-4°.
Les reliques du lait de la Vierge et la Galactite. Paris, Leroux, 1890, in-8°.
La Croix des Premiers Croisés. Lille. Desclée, 1890, in 4°.
La Cathédrale de Chartres, le Tour du Chœur. Paris, Plon, 1890, in-4°.
Visite aux Trésors de Saint Maurice et de Sion-en-Valais. Paris, Leroux, 1890, in-8°.
Les Vêtements de saint Thomas de Canteloup, à Lisieux. Lille, Desclée, 1891, in-4°.
Esquisse topographique de Constantinople (en collaboration avec le Dr Mordtmann), Lille, Desclée, 1892, in-4°. (Avec le grand plan de Constantinople).
Bibliographie générale des Inventaires imprimes (en collaboration avec Edm. Bishop), Paris, Leroux, 1892-1894, 3 vol. gr in-8°.
Du rôle des pierres gravées au Moyen-Age. Lille. Desclée, 1893, in-4°.
Le Numisma lœtiense. Revue de Numismatique, 1897.
La Sainte Lance. Lille, Desclée, 1897, in-4°.
La donation Constantinienne et la Couronne de fer de Monza. Paris, Gazette des Beaux-Arts, 1897, in 4°.
La Médaille du Christ d'Innocent VIII et l'émeraude de Bajazet II. Paris, Gazette des Beaux-Arts, 1898, in-4°.
L'Anneau d'Ulger, évêque d'Angers. Extrait des Comptes-rendus de l'Académie des Inscriptions et Belles Lettres, 1899, in-8°.
La Pancarte du Cierge Pascal de 1327 et la Sainte-Chapelle de Paris. Extrait des Comptes-rendus de l'Académie des Inscriptions et Belles Lettres, 1899, in-8°.
Les deniers de Judas. Extrait de la Revue de Numismatique, 1899, in-8°.
Le Tombeau de saint Wenceslas à Prague. Lille, Desclée, 1899, in-4°.
Le Camée byzantin de l'Heiligenkreuz. Paris, Monuments Piot, 1900, gr in-4°.
Le Coffret de Saint-Nazaire de Milan Paris, Monuments Piot, 1900, gr. in-4°.
Le Saint Suaire de Turin est-il authentique ? Les Portraits du Christ à travers les âges. Paris, Poussielgue, in-8°.
La Sainte Couronne d'Épines. Lille, Desclée, 1901, in-4°.
Exuviæ Sacræ Constantinopolitanæ. Paris, Leroux, in-8°, 1904 (Couronné par l'Académie des Inscriptions et Belles Lettres).
L'Image du Christ du Sancta Sanctorum et les reliques apportées par les flots. Mémoires des Antiquaires de France, 1904, in-8°.
Les Vases de Cana. Paris, Leroux, 1904. gr. in-4°.
Le Trésor de la Sacristie des Patriarches de Moscou. Paris, Leroux, 1905, in-4°.
Le Christ à tête d'âne du Palatin. Paris, Picard, 1908, in-8°.
Le Tombeau de Charlemagne à Aix la-Chapelle Paris, Picard, 1915, in-8° (Extrait des Comptes rendus de l'Académie des Inscriptions et Belles Lettres).
La Fresque de Gubbio et Notre Dame de Lorette. Paris, Antiquaires de France, 1916. in-8°
Guillaume II et la Lance de Charlemagne Paris, Figaro (14 avril), 1919.
Le Labarum de Constantin et Guillaume II. Paris, Figaro (2 septembre), 1919.
Reliques Impériales. Paris, Cousin Pons. 1922. in-4°.
La Croix de Brescia. Paris, Aréthuse, 1926, in-4°.
La Rose d'Or et S. M. la Reine des Belges. Paris, Figaro artistique, 1926 (30 décembre).
De Périgueux au Fleuve jaune. La tuile d'Abgare. Paris, Geuthner, 1927, gr in-8°.

F. DE MÉLY

LA
SAINTE COURONNE D'ÉPINES
A
NOTRE-DAME DE PARIS

PARIS (VIe)
LIBRAIRIE ERNEST LEROUX
28, Rue Bonaparte, 28

1927

LETTRE
DE SON ÉMINENCE LE CARDINAL DUBOIS
ARCHEVÊQUE DE PARIS
A
MONSIEUR DE MÉLY

Paris, 28 juin 1927.

Monsieur,

J'ai lu avec plaisir votre monographie sur la Sainte Couronne d'épines à Notre-Dame de Paris. C'est l'histoire d'une relique insigne où l'on voit, dispersées à travers le monde catholique, les épines qui garnissaient la couronne de joncs qui est le joyau du trésor de notre Cathédrale. Les savants y trouveront intérêt et la curiosité des fidèles une pieuse satisfaction.

Veuillez agréer, Monsieur, l'assurance de mes sentiments tout dévoués.

† Louis, Cardinal Dubois,
Archevêque de Paris.

Fig. 1.
Saint Louis adorant les Grandes Reliques à la Sainte-Chapelle
de Paris.

La Sainte Couronne d'Épines
à N.-D. de Paris

La Sainte Couronne d'Épines, dont les soldats, pendant le drame de la Passion, couronnèrent le Christ, est la relique la plus précieuse du Trésor de Notre Dame de Paris (fig. 3), où elle est entrée le 10 août 1806.

Elle est aujourd'hui dans un reliquaire moderne (fig. 4) qui a remplacé celui du Moyen-Age (fig. 5), fondu à l'époque de la Révolution.

Mais si, d'après les Evangiles de saint Mathieu, de saint Marc, de saint Jean, nous sommes certains que

Fig 2.
Premier reliquaire de la Sainte Couronne de Paris,
tenu par saint Louis.

le douloureux martyre fut infligé au Seigneur, aucun d'eux ne dit qu'elle a été conservée, qu'il l'a vue, ne signale sa présence dans un sanctuaire. Saint Jérôme, qui dans sa *Chronique*, rédigée en 380, mentionne le bois de la Croix, le Titre, les Clous, découverts par sainte Hélène sur le Calvaire en 325, n'en parle pas davantage. Il faut arriver au *Pèlerinage* de saint Paulin de Noles en 400, à celui de saint Germain vers 565, pour apprendre qu'à ce moment la Couronne

Fig. 3.
La Sainte Couronne, au Trésor de Notre-Dame de Paris.

existait encore. Mais ils ne nous disent pas comment elle avait pu, dans sa fragilité, traverser ainsi les âges, ni ceux qui l'avaient recueillie.

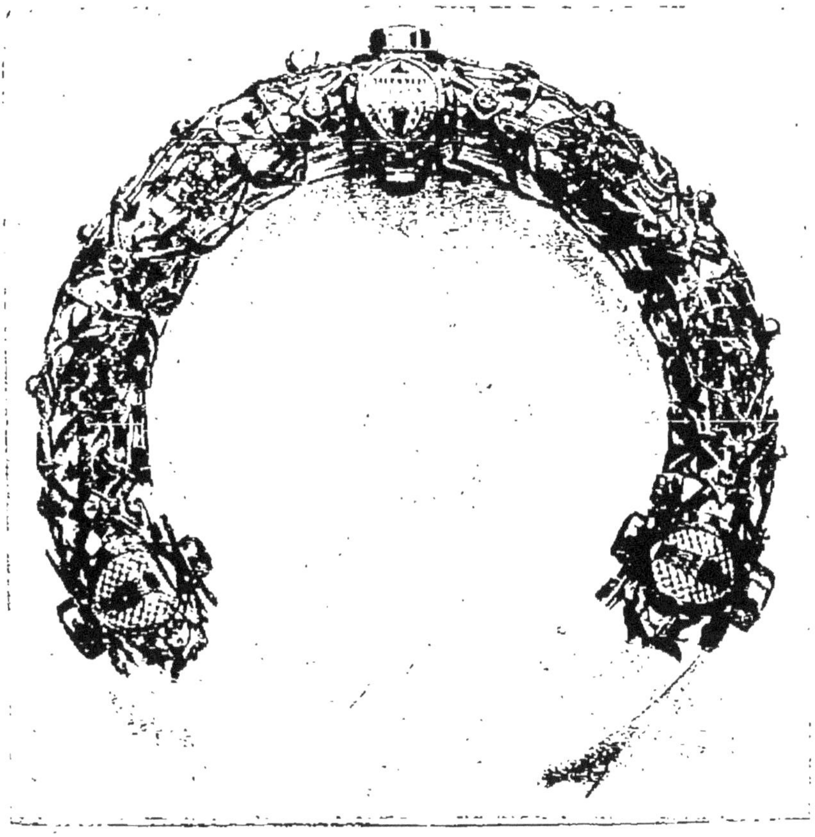

Fig. 4.
Le reliquaire de la Sainte Couronne à Notre-Dame de Paris.

Fig. 5.
Le reliquaire de la Sainte Couronne à la Sainte-Chapelle,
au XVᵉ siècle, d'après Pierre Blosse.

Il est bien probable que, comme le Suaire, qui d'après *l'Evangile suivant les Hébreux* avait été remis « à l'esclave du Souverain Sacrificateur », elle fut emportée et cachée par un des disciples du Divin Maître. Sa forme primitive nous est ainsi tout à fait inconnue.

Fig. 6.

Saint Louis reçoit à Sens, en 1239, la Couronne d'Epines.

Etait-ce une simple couronne tressée d'épines, avait-elle la forme d'un bonnet, comme nous le dira plus tard saint Vincent Ferrier ? Nous l'ignorons. Les deux opinions ont été défendues.

La première invoque la Couronne qui figure sur les monuments primitifs et dans la miniature de la Bibliothèque nationale où nous voyons saint Louis recevoir à Sens la Sainte Couronne (fig. 6); la seconde s'appuie sur le texte de saint Vincent Ferrier et surtout sur le nombre considérable d'Epines qu'on trouve dans tant d'églises Mais il faut dire tout de suite, que de belles légendes, de respectables traditions, ont fait regarder comme authentiques des épines, qui n'avaient d'autre valeur que d'avoir été cueillies par de pieux pèlerins sur le Calvaire, et placées au retour, dans des sanctuaires, où le temps finit par les authentiquer.

L'obit de Pierre d'Avoir, du xive siècle, nous

apprend que l'Epine qu'il donna à sa Cathédrale d'Angers, avait simplement *touché* à la Sainte Couronne ; elle ne tarda pas cependant à devenir une Épine absolument certaine.

Il est à remarquer par exemple que la plupart des épines, dont la provenance est reconnue, proviennent d'un petit arbrisseau épineux, le *Zizyphus Spina Christi*, qui croît précisément sur le Calvaire.

Et alors Mandeville, qui vit au xɪᵛᵉ siècle des reliques de la Couronne à Constantinople, nous rapporte qu'elle se composait d'une Couronne de joncs, et de branches épineuses, mises à part dans un coffret, où on prenait des épines « pour les distribuer à grans seigneurs ».

La Couronne de Paris, en joncs, intacte, est ainsi conforme à cette tradition. Elle mesure d'un bord extérieur à l'autre 0,25, le diamètre intérieur est de 0,20 cent.

De son histoire voici ce que nous savons.

La Couronne est d'abord conservée à Jérusalem. Saint Paulin de Noles est le premier qui, entre 409 et 431, cite avec la Crèche, la Colonne, la Croix et le Sépulcre, la Couronne d'Épines qu'il a le bonheur d'adorer à Jérusalem. En 570, Antoine le Martyr la trouve exposée à la vénération des fidèles dans la Basilique de Sion, où elle voisine avec la Sainte Lance. Vers 575, Cassiodore, dans son *Commentaire du Psaume LXXV*, s'écrie : « A Jérusalem est la Colonne, là est la Couronne d'Épines ! »

En 870, c'est encore à Jérusalem que Bernard le Moine la signalera.

Dans le pseudo *Voyage de Charlemagne aux Lieux Saints* nous lisons une délicieuse légende.

Charlemagne en prenant congé du Patriarche de Jérusalem et de l'Empereur du Pays, leur demande des Epines de la Sainte Couronne. Alors, Daniel, évêque de Grèce, « prist et ovri un vaissel où la sante « Corone d'Espines estoit.. Tantot come la châsse fu « overte, si doce odors en issi, qu'il sanbla à tote la « gent qui là furent, que ils fussent en la dolchor de « Paradis...

« Tantost qu'il ot ce fait, descendi des ciels une « rousée sur les espines et elles maintenant et florirent « espessément et donèrent si merveilleusse odor et si « socf, que li malade ne sentirent nule dolor, ne point « de mal, et une clareté i ot si très grant come une « merveille. Puis prist li évesque Daniax un coutel et « si trancha le fust de lespine et si le trova alsi vert « come s'ele à chèle eure fust tranchié del plus vert « arbre de tot le monde ».

C'est en 944 que Foucher apporte à Dijon, une Epine de Jérusalem.

A partir de ce moment nous allons entrer dans l'inconnu. Cependant la Couronne n'a certainement pas encore quitté Jérusalem, car Constantin Porphyrogénète n'en parle pas dans l'énumération des reliques qu'il possède à Byzance.

Serait-ce Jean Zimiscès qui l'aurait apportée à Constantinople en 975 ? C'est bien peu probable, car dans une lettre à Arschod, où il lui fait connaître les précieuses reliques qu'il a découvertes en Terre Sainte et qu'il a

ramenées avec lui, il ne parle que des Sandales du
Christ, de l'Image de Bérythe, de la précieuse Cheve-
lure du Précurseur. Aurait-il négligé de signaler une
relique comparable à la Sainte Couronne ? C'est im-
possible à supposer. Mais en 1092, une lettre d'Alexis
Comnène à Robert de Flandre cite, parmi les reliques
conservées alors à Constantinople, la Sainte Couronne,
tandis que l'hégoumène russe Daniel, qui visite en 1106
la Palestine, n'en fait nulle mention. La date du trans-
fert de la Sainte Couronne de Jérusalem à Byzance,
se trouve circonscrite ainsi entre 975 et 1092.

Assez peu nombreux sont les fragments détachés de
la relique de Jérusalem, que nous connaissons.

En laissant de côté les deux Épines que sainte
Hélène aurait envoyées à Sainte-Croix-en-Jérusalem
de Rome, et la branche qu'elle aurait adressée à
Trèves, il dut y avoir, dès les premiers siècles, en
faveur des empereurs de Constantinople, au moins une
levée spéciale. Il emportèrent ou reçurent, c'est tout
un, des Lieux Saints, plusieurs Épines, puisque l'Empereur d'Orient put donner à saint Germain, évêque
de Paris, quand il passait par Byzance vers 565, l'Épine
qui se trouvait au Moyen-Age à Saint-Germain des
Prés de Paris (fig. 12), enfin qu'Irène envoya à Charlemagne, en 798 ou en 802, plusieurs Épines, qui furent
déposées dans la basilique d'Aix-la-Chapelle.

Par Eginhard, nous apprenons qu'en 801, Hassan,
gouverneur de Jérusalem, voulant voir Charlemagne,
partit pour Rome, chargé de reliques ; mais il tomba
malade en Corse, et Charlemagne envoya vers lui,

Waldon, abbé de Reichenau, et Hunfroid, gouverneur de l'Istrie, qui lui apportèrent, en Sicile, les présents qui lui étaient destinés. Du nombre était une Épine de la Sainte Couronne.

Le *Liber de Constitutione* de Charroux consigne qu'en 799 Charlemagne, étant à Aix-la-Chapelle, reçut du Patriaiche de Jérusalem, nommé Thomas, par Grégoire, abbé, et Félix, moine du Mont des Oliviers, de nombreuses reliques, et qu'il les remit au Comte Roger, gouverneur de Limoges. Celui-ci les offrit au Monastère de Charroux, dont il était le fondateur. Dans la liste, nous rencontrons une Epine de la Sainte Couronne.

Nous avons vu plus haut que Foucher, abbé de Saint-Bénigne de Dijon, rapporta, en 944, une épine de Jérusalem à son monastère.

Au XIe siècle, les inventaires de Vaulsor, nous font connaître une Epine qui provenait également de Jérusalem.

Avignon en reçoit une de l'évêque Benoît I, pèlerin de Terre Sainte en 1044.

En 1098, on découvrit dans l'intérieur du Crucifix de Lucques, apporté par les flots, quatre Epines avec un Clou de la Croix : il n'est pas surprenant d'en trouver une en 1099, à Boulogne-sur-mer, dans le Trésor de Godefroid de Bouillon, conservée dans la couronne d'orfèvrerie qui lui avait été offerte lors de la constitution du Royaume de Jérusalem (25 juillet 1099).

De la première Croisade datait encore la Sainte Epine de Tournemire (fig. 7), apportée par Rigald de

Tournemire, et de la Croisade de 1158, celle de Solesmes (fig. 8), probablement envoyée par Robert IV
de Sablé, qui commanda la flotte de Richard Cœur de
Lion et parvint à la dignité de Grand Maître de l'Ordre
des Templiers.

Puis c'est celle de Clermont du xiie siècle, celle de
Fano, don d'Ugo del Cassaro, pèlerin en Terre Sainte
en 1104, celle de Saint Pierre d'Albigny, que Geoffroy

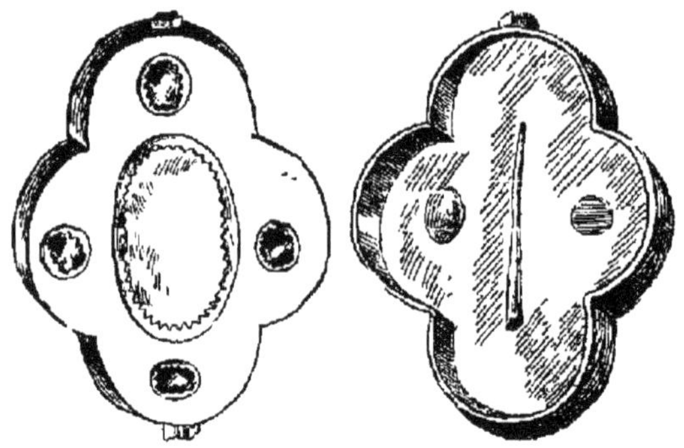

Fig 7.
Le reliquaire de la Sainte Epine de Tournemire.

de Miolans qui avait pris la Croix en 1148 en même
temps qu'Amédée II, comte de Maurienne, rapporte
en 1149.

En 1179, Henri le libéral, qui avait fondé à Troyes la
collégiale de Saint-Etienne en 1175, y dépose de
précieuses reliques qu'il avait reçues en Terre Sainte ;
nous y voyons figurer une Sainte Epine.

Nous en trouverons encore une à San Placidio de Co-

lonero, près de Messine, apportée par l'abbé Guillaume
et entrée au trésor en 1191, une à Oviedo, qui était au

Fig. 8.
Partie centrale du Sépulcre de Solesmes. La Sainte Epine
est dans le pendentif du milieu.

Trésor dès 1110, une à Pampelune en 1254, rapportée
de Terre Sainte par Thibault le père (VI, + 1254), une à

Megli, de 1290, rapportée par les amiraux Giulio Ageno
et Lanfranco Barbarino.

Fig. 9.
Le reliquaire de la Sainte Epine de Montfleury.

Parmi les quarante quatre épines vénérées en 1300 à
Florence, nous ne ferons que mentionner les sept

Epines de Saint-Pierre le Majeur : et encore elles semblent bien extrinsèques, car depuis longtemps la

Fig. 10.
Le reliquaire de la Sainte Epine du Grand-Saint-Bernard.

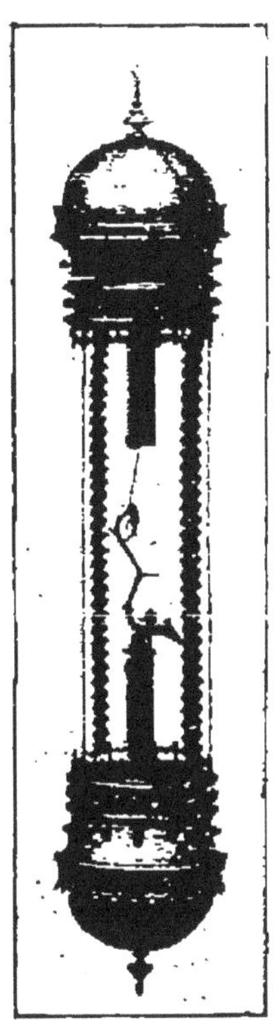

Fig. 11.
Le reliquaire de la Sainte Epine de Wevelghem.

relique a quitté Jérusalem. Aussi faut-il mentionner très rapidement les sanctuaires où se trouvent celles qui y sont déposées par les pieux pèlerins : Montfleury (1351) (fig. 9), Le Buis-les-Baronies (Drôme) : à la même époque, Saint-Blaise de Venise (1378), le Grand-Saint-Bernard (1397) (fig. 10) : Olmütz (1413), Vic le Vicomte (1511), Wevelghem (1561) (fig. 11), Citta di Castello (1593). C'est au total vingt-six apports, dont quelques-uns ne sauraient vraiment être regardés comme absolument authentiques.

*
* *

Il est certain qu'avant l'arrivée de la Couronne à Constantinople, plusieurs Epines avaient dû être envoyées de Jérusalem aux empereurs de Byzance. C'est de ce petit trésor byzantin que proviennent les reliques suivantes dont on connaît l'histoire.

La première date de 565. Saint Germain, évêque de Paris, l'ayant reçue de l'Empereur, à son pasage, lors d'un pèlerinage à Jérusalem, la déposa au retour dans l'église de Saint-Vincent et Sainte-Croix, qui allait devenir plus tard Saint-Germain-des-Prés (fig. 12).

᾽ Viennent ensuite les Épines d'Aix-la-Chapelle, dont mention est faite lors de la Consécration de la basilique par le pape Léon III en 798. Leur histoire peut ainsi se résumer.

Quatre furent données à Saint-Corneille de Compiègne en 877, par Charles le Chauve : une fut envoyée par Hugues Capet à Athelstan, roi d'Angleterre, en 927, quand il lui fit demander la main de sa sœur Ethilde, elle fut déposée à Malmesbury : une fut donnée par Louis le jeune vers 1160 à l'infante Sancie qui la déposa au monastère de l'Epine en Espagne ; une fut envoyée par Agnès de Méranie, fille du duc Berthold IV, épouse de Philippe Auguste en 1196, morte à Poissy en 1201, au Monastère d'Andechs : la huitième enfin demeura dans le trésor de Saint-Denis, où nous la voyons sous Suger et sous Philippe Auguste (fig. 13).

Saint-Trophime d'Arles a possédé pendant tout le moyen âge des fragments de la Couronne ; ils lui

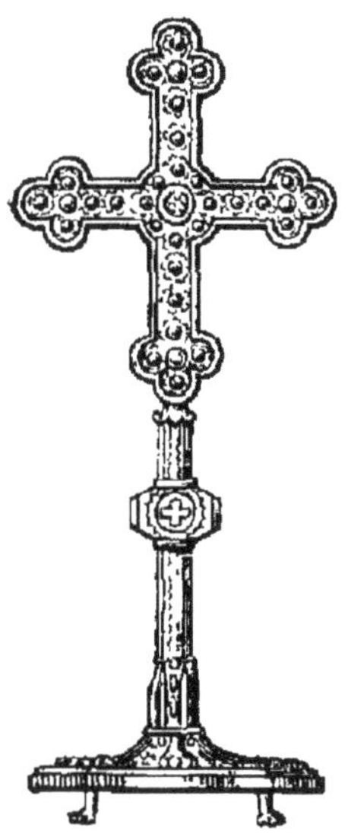

Fig 12.
Lacroixreliquaire de la Sainte Epine à Saint-Germain-des-Prés de Paris.

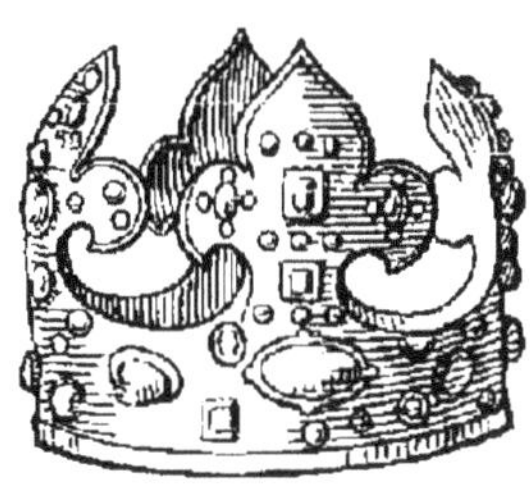

Fig 13.
La couronne de Saint-Denis renfermant une Epine.

avaient été rapportés par Raymond de Saint-Gilles, qui les avait reçus d'Alexis, empereur de Byzance, lorsqu'il arriva en 1100 à Constantinople. Ils ont disparu dans le cours du xvıᵉ siècle.

La première Épine, arrivée de Constantinople en France après la première Croisade, fut envoyée à Philippe Auguste par Baudouin, empereur de Constantinople. Elle fut déposée à Saint-Denis. En 1205, Nivelon de Cherisy, évêque de Soissons à la quatrième Croisade, qui devait mourir au retour, à Bari en 1207, adressait à sa cathédrale une Épine. D'après Ducange, il en envoya une également au Mont Saint-Quentin, dans un reliquaire byzantin, dont l'inscription grecque nous a seule été conservée.

Parmi les reliques qu'Henri, empereur de Constantinople, avait chargé Albert, comte de Moha, qui revenait de Terre Sainte, d'offrir en son nom aux sanctuaires de Flandre, se trouvait l'Epine qui fut, en 1206, offerte à l'église d'Huy.

En 1319 la collégiale de Saint-Etienne de Troyes, possédait une [statuette d'argent représentant saint Etienne : il tenait dans sa main un cristal de roche dans lequel il y avait une Epine. La précieuse relique était bien probablement un don de Garnier de Trainel, évêque de Troyes, qui présida au partage du butin des Croisés, lors de la prise de Constantinople en 1204, et qui mourut le 14 avril 1205.

En mars 1206, l'empereur Henri de Constantinople envoya par Daniel de Caussines, à son frère Philippe, marquis de Namur, des reliques qu'il détacha du célèbre trésor de Bucoléon. Parmi elles se trouvaient des Épines que Philippe offrit à l'église de Saint-Aubin de Namur (fig. 14).

En 1206, Aleaume de Fontaines, un des plus braves

d'entre les croisés, envoya de Constantinople avant de mourir, de précieuses reliques à son église de Longpré : dans le nombre se trouvait une Épine, dont la fête était célébrée le 29 août de chaque année.

Celle de Courtrai, provenant de la Chapelle de Bucoléon, avait été offerte à Simon de Beaumont, par

Fig. 14.
La couronne d'or reliquaire de Saint-Aubin de Namur et son écrin.

Henri, empereur de Constantinople, en juillet 1207 ; c'est également Henri qui chargea Thomas, moine de l'abbaye de Liessies, frère de Gérard de Walcourt, un des grands dignitaires de la Cour impériale, de porter à l'Abbaye une infinité de reliques parmi lesquelles se trouvait une Épine.

En 1208, Conrad de Krosigk, évêque d'Halberstadt, dont le rôle fut si important dans la quatrième Croisade, rapporta de Constantinople nombre de reliques à sa cathédrale et dans le reliquaire qui existe encore au « Dom Schatz », nous voyons à côté du bois de la Vraie Croix, de la Chair et des Cheveux du Sauveur, une Épine (fig. 15).

Une inscription d'Amalfi, conserve le souvenir des reliques apportées à la Cathédrale par le Cardinal Pierre Capuano, chargé par Innocent III, au moment de la IV⁰ Croisade, de tenter la réunion des Églises grecque et latine. Parmi elles, avec le bois de la Vraie Croix, avec le Sang du Christ, se trouvait une Épine.

Au nombre des cinquante-quatre reliques données par Robert de Clari à l'abbaye de Corbie, lorsqu'il revient de la Croisade, figure, dans la Charte, un fragment de la Sainte Couronne, qui fut partagé en deux ; les inscriptions gravées sur les reliquaires ne permettent aucune hésitation.

C'est un moine de Clairvaux, Hugues, qui apporta de Constantinople, entre 1224 et 1232, à l'Abbaye, les reliques de la Sainte Couronne, dont une Épine entière.

A Olmütz, nous trouvons au commencement du xviii⁰ siècle, une Épine, donnée par Robert, qui fut évêque de 1201 à 1240.

Depuis 1243, on vénérait à Vicence, dans une ycone donnée par la veuve du seigneur Marinus Maurocenus, de Venise, une Epine, qui ne doit pas être confondue avec celle que saint Louis donna en 1259 à Barthélemy de Bragance. Une charte de reconnaissance de Pierre,

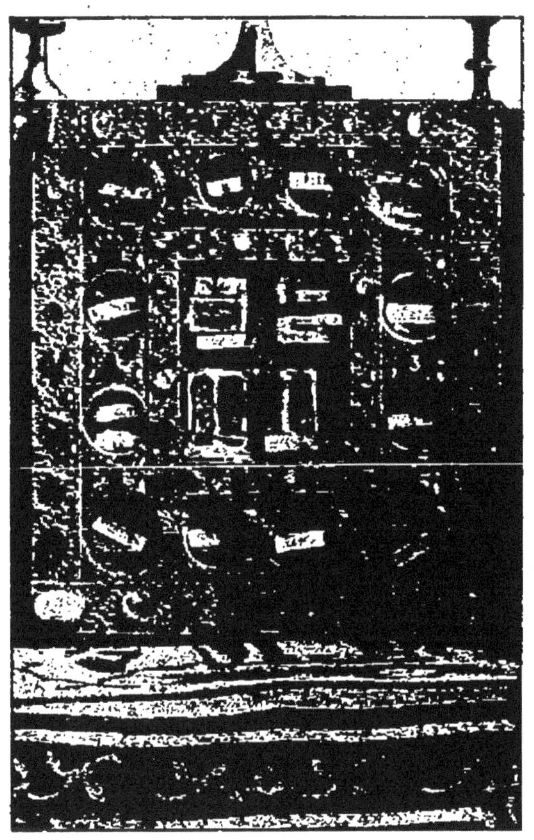

Fig 15.

Le tableau des reliques du Trésor d'Halberstadt.

évêque de Castille, la déclare, en 1343, venue de Constantinople.

Celle de Beauvais, d'après Louvet, avait été donnée à la Cathédrale par l'évêque Miles de Nanteuil, qui ayant été fait prisonnier à la Croisade de 1217, rapporta à son église l'Epine qui y est vénérée.

On ne sait quand a commencé à Lille le Jeu de l'Epinette ; on en fait remonter l'origine à saint Louis. En tous cas, en 1338, Philippe VI, roi de France, donna privilège aux Lillois de continuer ces jeux. Le premier roi de l'Épinette, qu'on connait, fut Jean Le Grand, en l'année 1283. Les rois de l'Épinette allaient chaque année honorer la Sainte Épine (fig. 16), qui avait été donnée par Jeanne de Constantinople à Fr. Jacques Hales, religieux dominicain de Lille, confesseur de cette princesse.

L'inventaire de 1322 de la Cathédrale de Chartres, mentionne un beau reliquaire byzantin, dont une inscription grecque révèle l'origine constantinopolitaine : elle signalait à la vé-

Fig. 16.
Le reliquaire de la Sainte Epine de Saint-Pierre de Lille

nération des fidèles une Épine. Les notes du chanoine Etienne indiquent comme donataire, un nommé Henri, fils d'Arnou, peut-être un compagnon d'Etienne de Blois dont on connaît le rôle pendant la quatrième Croisade.

En 1323, Mandeville étant à Constantinople reçut en présent une Epine, qu'il a grand soin de mentionner dans ses *Voyages* : en 1380, *l'Inventaire de Charles V* décrit un reliquaire byzantin où se trouvait une Épine : en 1400, Manuel II Paléologue, empereur de Constantinople, donnait pendant son séjour à Pavie, au duc Jean Galeazzo Visconti, la Sainte Épine qui est encore conservée à Pavie : en 1471, nous trouvons à la cathédrale de Bellune, une Épine de la Couronne, don de Mgr Buffarelli, qui l'avait reçue quelques années auparavant d'un religieux qui l'avait rapportée de Constantinople : à Venise enfin, mais sans qu'on puisse indiquer de date, dans un reliquaire *italien*, avec une *inscription grecque*, nous trouvons une Épine qui paraît bien être une des dernières venues directement de Constantinople.

Comme on peut le voir, de ces trente-six apports, beaucoup semblent avoir passé plusieurs fois sous nos yeux, à Aix, à Saint-Denis : assurément, nous ne devons pas compter ici plus de vingt Épines : en faisant la même observation pour celles qui vinrent de Jérusalem, il ne faudrait pas en reconnaître plus de quarante, arrivées ainsi directement, une à une, de l'Orient latin. La réunion des Épines de la Sainte Couronne de Paris, distribuées par les rois de France, nous donnera alors approximativement, le nombre des épines dont la Couronne à l'origine devait être garnie.

PARIS

En 1238, Baudouin, empereur de Constantinople, est à Paris. Dans sa détresse, il implore l'assistance financière de saint Louis et lui propose en échange de lui engager la Couronne d'Epines. Le Roi accepte et fait partir immédiatement pour Constantinople deux Frères Prêcheurs, Jacques et André de Longjumeau, qu'il charge de lui rapporter la précieuse relique. En arrivant à Constantinople, ils trouvent la Couronne engagée pour 177.300 livres, par les régents de l'Empire, Anseau de Caieu, Narjot de Toucy, Geoffroy de Méry, Villain d'Aulnoy, Gérard d'Etrun et Miles Tirel, à Nicolas Quirino de Venise. Les ambassadeurs sont alors forcés de partir pour Venise, accompagnant la Couronne, dont ils ne pourront prendre possession que lorsqu'ils l'auront dégagée.

Ils remboursèrent seulement 137.000 livres, et purent alors reprendre, avec la Couronne, le chemin de la France. De Troyes, ils font prévenir le Roi qui s'avance jusqu'à Villeneuve-l'Archevêque pour les recevoir; et le 11 août 1239, la procession part pour Paris. Le 19 août, la précieuse relique portée par le Roi et par son frère Robert d'Artois, suivis d'un brillant cortège dans lequel se trouvaient la Reine Mère, Alphonse de Toulouse, Charles d'Anjou et la reine du Danemark, Ingeburge, veuve de Philippe Auguste, est amenée d'abord à Notre-Dame, puis déposée dans la Chapelle de Saint-Nicolas du Palais, sur l'emplacement de laquelle allait bientôt être construite la Sainte-Chapelle.

Le 3 octobre, elle sera portée à Saint-Denis où elle va attendre que la Sainte-Chapelle soit terminée ; le 21 mars 1248, elle y sera transférée.

A ce moment saint Louis a remis à Baudouin, à titre de prêt, vingt et une mille livres d'argent fin, valant quatre cent soixante-dix mille francs (or).

Elle est alors enfermée dans un reliquaire dont les manuscrits du temps nous ont conservé le dessin (fig. 2).

Peut-on déterminer combien d'Épines appartenaient à ce moment à la Couronne, qui est maintenant simplement formée de joncs tressés. Mandeville nous a appris plus haut que la relique se composait de deux parties, d'une couronne de joncs, et d'épines enfermées dans un coffret : rien de plus. Saint Vincent Ferrier, lui, parle de soixante-douze épines. Mais n'est-ce pas là un chiffre purement symbolique.

Une chose par exemple est frappante.

De recherches longuement poursuivies, se dégagent aujourd'hui soixante-dix épines provenant de la Sainte-Chapelle, qui furent distribuées par les rois de France. Le rapprochement est vraiment bien curieux.

Examinons-les.

Il semble que la première, sortie de la Sainte Chapelle de Paris, est celle que saint Louis offrit à Guillaume, comte de Joigny, qui avait accompagné le Roi jusqu'à Villeneuve-l'Archevêque, lors de la réception, en 1239 (fig. 6).

Vient ensuite la donation d'une Épine à Bernard, évêque du Puy, le 12 août 1239.

Il est assez compréhensible que saint Louis ait cru devoir envoyer à Venise, une Épine, alors que c'est dans cette ville que furent vérifiés les sceaux, reconnus intacts, qui fermaient la triple enveloppe dans laquelle avait été renfermée la Couronne au départ de Constantinople (fig. 17).

En 1242, Adam de Chambly, évêque de Senlis, qui accompagnait la procession de la réception, donnait à sa cathédrale l'Épine qu'il avait reçue du Roi ; et en 1244, Jeanne de Flandre, tante de saint Louis, à qui le Roi avait remis une Sainte Épine, l'offrait aux Récollets, de Valenciennes.

Par une lettre, datée d'Etampes, en mai 1248, le Roi envoie à l'église de Tolède une des Epines de la Sainte Couronne, et vers 1251, Roger de Provins, médecin de saint Louis, chanoine de Paris et de Saint-Quentin, offre à l'église de Saint-Quentin, un reliquaire d'or, dans lequel se trouvait une Epine qu'il avait reçue du Roi.

La reine mère, Blanche de Castille, avait reçu naturellement une Épine ; elle était enchassée dans un vase de cristal. A sa mort, elle la légua à Regnault de Corbeil, archevêque de Paris, qui la donna en 1255 à l'église de Corbeil.

En mars 1256, le Roi annonça à l'Evêque et au chapitre de Valence (Espagne), l'envoi d'une Épine : la relique existe encore, mais le reliquaire a été fondu.

Le 1er octobre 1259, saint Louis écrit aux Cordeliers

Fig. 17.
Le reliquaire des Saintes Epines à Saint-Marc de Venise.

de Sées, pour leur annoncer le don d'une Epine : la
lettre d'envoi existait encore au XVIᵉ siècle (fig. 18);
c'est également par une lettre du Roi, du 11 décembre 1259, que nous apprenons l'authenticité de

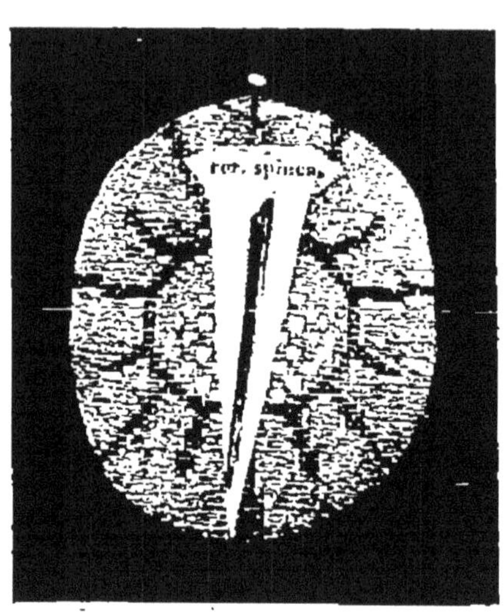

Fig. 18.
La Sainte Epine de Sées.

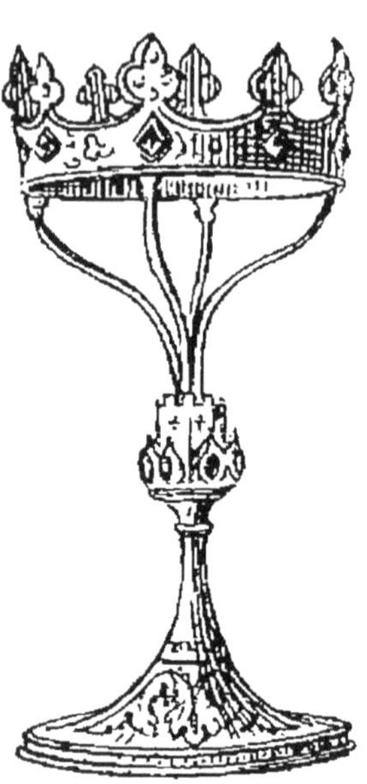

Fig. 19.
Le reliquaire de la
Sainte Epine, du Cou-
vent des Mathurins de
Paris.

l'Epine de Vicence : et c'est encore à saint Louis que
le couvent des Frères Mineurs d'Assise doit l'Epine
conservée dans le reliquaire actuel.

Les Mathurins de Paris, en 1260, (fig. 19), les religieux

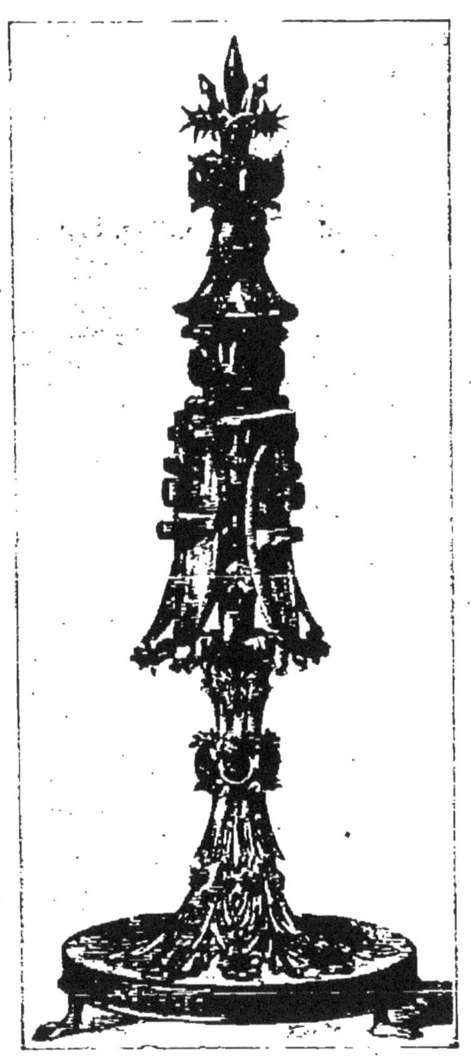

Fig. 20.
Le reliquaire de la Sainte Epine du Mont-Saint-Eloi, aujourd'hui
dans le Trésor d'Arras.

du Mont Saint-Eloi, en 1261, dont l'Épine est conservée
dans le précieux reliquaire d'Arras (fig. 20), l'abbaye
de Saint-Maurice-en-Valais, en 1262 (fig. 21), les Frères
Prêcheurs de Barcelone, la même année, reçoivent
successivement une Epine de
Paris.

C'est seulement en 1266 que
nous pouvons reprendre la suite
des dons royaux. Celle de Pampelune fut donnée à Thibault II
de Champagne, roi de Navarre,
lors de son mariage avec Isabelle
de France : c'est probablement
l'une de celles du reliquaire de
Roncevaux ; en 1267, le Roi envoie à Vézelay deux Épines, et la
même année, le 8 août, il adressait aux Dominicains de Liège,
une couronne royale, conservée
aujourd'hui au palais de Brühl
(Saxe) (fig. 22), où était incluse
une Sainte Épine.

Saint Louis vint deux fois à
Clermont : en 1254, puis en 1262
pour le mariage de son fils Phi-

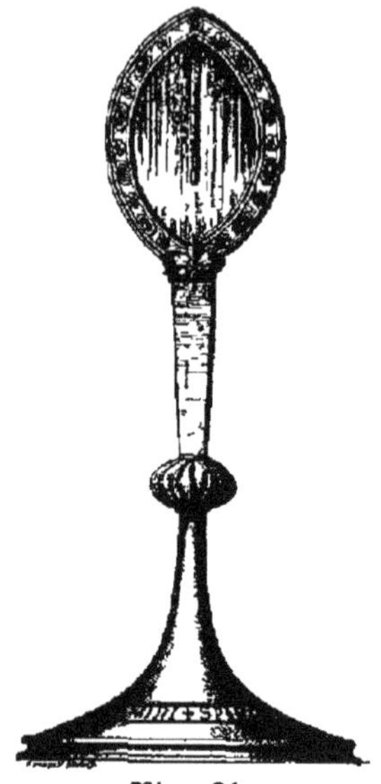

Fig. 21

Le reliquaire de la
Sainte Epine de
Saint - Maurice - en -
Valais (Suisse).

lippe avec Isabelle d'Aragon ; il avait été reçu la
dernière fois par l'évêque Gui de la Tour. Le
30 décembre 1269, il lui envoyait une croix d'or,
dans laquelle se trouvait une Sainte Épine. Le don
était accompagné d'une lettre dont l'original, par-

Fig. 22.
Le reliquaire de la Sainte Epine des Dominicains de Liége.
Aujourd'hui au Palais de Brühl (Saxe).

f.

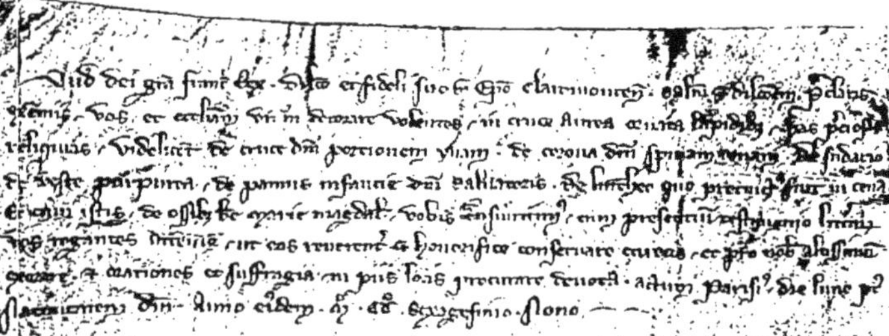

Fig. 23.
Lettre de saint Louis à Gui de La Tour, évêque de Clermont.

venu jusqu'à nous, est intéressant à reproduire (fig. 23).

Avec l'Épine envoyée par saint Louis à l'abbaye de Bourg-Moyen en 1269, disparue en 1562, lors du pillage de l'Abbaye par les Hugenots, avec celle des Emmurées de Rouen, de la même année, nous voyons arrêtés les envois officiels des Epines détachées par le Roi lui-même de la relique de la Sainte-Chapelle.

Mais des documents qui sont réellement un commencement de preuve, permettent de regarder comme venant encore de Paris, sous le règne du saint Roi, une Épine à N.-D. de Paris, une dans un reliquaire déposé à la Sainte-Chapelle, une à Flines, une à Royaumont, une à Orval (fig. 24) aujourd'hui à Saint-Amand (Cher), une à Sens, une enfin au British Museum (fig. 25), qui entrèrent dans ces différents trésors avant 1270.

Par la forme de leur reliquaire, on peut, avec une quasi certitude, attribuer encore à un don royal les Épines du Paraclet (fig. 26) aujourd'hui à la cathédrale d'Amiens, comme aussi celle des Dominicains de Bruges (fig. 27), maintenant au palais de Brühl (Saxe), où elle voisine aujourd'hui avec celle des Dominicains de Liège (fig. 22).

On n'oserait affirmer par exemple que les Épines de Sainte-Praxède de Rome firent jamais partie des reliques de la Sainte-Chapelle.

Mais nous devons continuer nos recherches.

L'Épine vénérée actuellement à Fermo, dans les Marches, y fut apportée par le bienheureux Clément Briotti, de l'Ordre de Saint-Augustin. C'est pendant sa visite

Fig. 24.
La croix de l'Abbaye d'Orval renfermant une Sainte Épine,
aujourd'hui à Saint-Amand-Mont-Rond (Cher).

de la Province de France, en 1272, qu'il la reçut des mains de Philippe-le-Hardi ; il la déposa à Sant Elpidio à Mare, son pays d'origine, voisin de Fermo, où elle fut transférée en 1377 (fig. 28). C'est encore Philippe-le-Hardi qui chargea Jean, archevêque de Norvège, de passage à Paris au retour du Concile de Lyon de 1274, de porter à Magnus IV, roi de Norvège, l'Epine encore aujourd'hui à Bergen ; il envoya également celle de Marienthal, aux Sœurs du monastère, par sa cousine Yolande, petite fille de Pierre de Courtenay, empereur de Constantinople.

Le reliquaire d'Ascoli dans les Abruzzes, œuvre de Nicolas de Campli, d'une si précieuse exécution, contient l'Épine que le Fr. Francesco de' Sarli, dominicain, confesseur de Philippe-le-Bel, apporta de Paris à sa ville natale. La fête de la translation en est célébrée le dimanche de l'Octave de l'Ascension. Comme Nicolas de Fréauville, qui mourut en 1323, fut également le confesseur de Philippe-le-Bel, il n'est pas téméraire de croire que l'Epine qu'il donna aux Jacobins de Rouen, était également de provenance royale.

Dans les Deux-Siciles, dont les rois étaient frères et neveux de saint Louis, nous allons trouver plusieurs Épines qu'il est permis de considérer comme ayant appartenu à Charles I d'Anjou, qui accompagnait saint Louis lors de la réception de la Sainte-Couronne à Sens. Le reliquaire d'Andria porte une inscription qui nous apprend que la relique venait du Trésor de Charles II d'Anjou : elle fut, pense-t-on, donnée en 1308 à la cathédrale d'Andria par Béatrice d'Anjou, sa

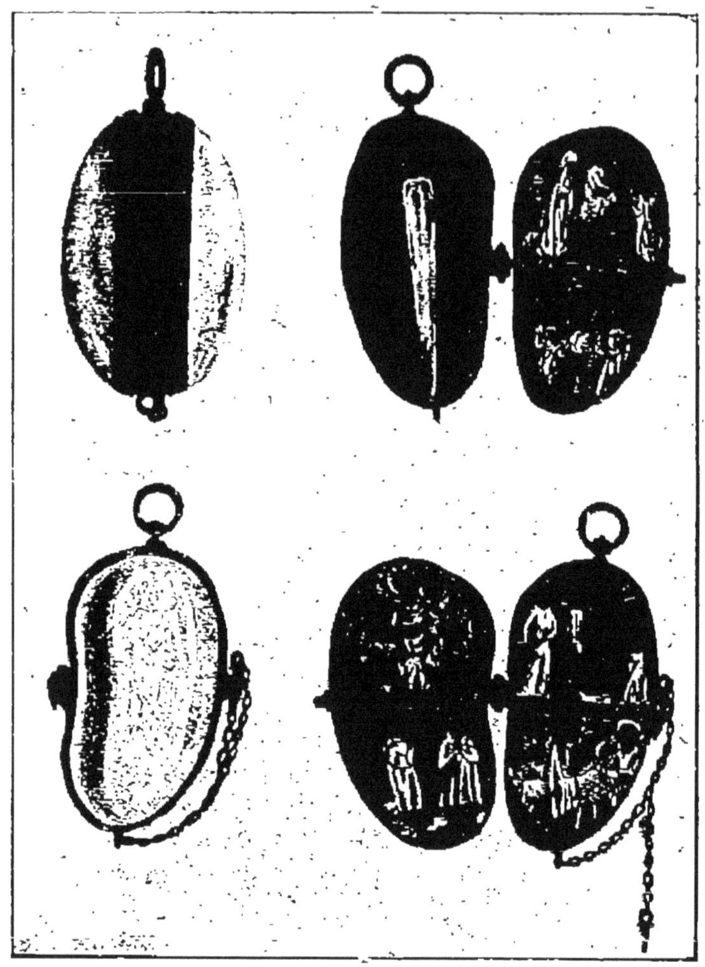

Fig. 25.
Reliquaire de la Sainte Epine, aujourd'hui au British Museum

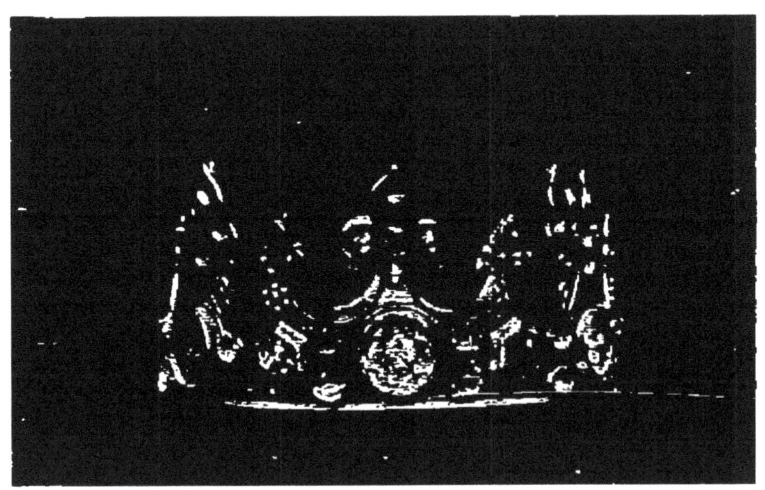

Fig. 26.
Reliquaire de la Sainte Epine du Paraclet,
aujourd'hui à la Cathédrale d'Amiens.

Fig. 27.
La couronne des Dominicains de Bruges, aujourd'hui au Palais
de Brühl (Saxe).

fille ; quant à celle de Bari (fig. 29), elle aurait été offerte à la Cathédrale par Charles II d'Anjou, quand il fut visiter le tombeau de saint Nicolas.

Des Épines conservées à Catane deux paraissent indiscutablement d'origine parisienne ; elle furent en effet léguées, en 1339, aux Bénédictins de Saint-Nicolas *de Arenis* et aux Franciscains *de Castri Ursini,* par Eléonore, femme de Frédéric II, fille de Charles II, sœur de saint Louis de Toulouse, morte chez les Clarisses de Catane. Et c'est encore du trésor des rois de Sicile que vient l'Epine donnée au couvent de Medina del Campo par la reine de Castille et d'Aragon, Doña Léonor, veuve de Ferdinando IV.

Philippe-le-Bel visite en 1311 le Mont Saint-Michel. Parmi les dons précieux qu'il fit à l'Abbaye, nous voyons figurer deux Épines, qu'il offrit dans un reliquaire porté par un ange d'orfèvrerie doré.

En 1320, Hugues Michiel, évêque de Paris, fondait à Besançon dont il était originaire, la fête de la Sainte Couronne : en 1330 il envoyait à sa ville natale deux Épines qui ont disparu. Celles qui sont vénérées à Besançon actuellement, ont été beaucoup plus récemment envoyées de Rome.

Philippe VI avait une affection toute particulière pour l'abbaye de Josaphat près Chartres ; il lui fit remettre par l'abbé Thomas (1333+1351), une Epine de la Sainte-Chapelle.

Les deux Épines vénérées à Pavie, appartenaient aux Visconti, qui les conservaient dans leur château. Elles entrèrent au trésor de la Cathédrale le 2 septembre

Fig. 28.
Le reliquaire de la Sainte
Epine de Fermo (Italie).

Fig. 29.
Le reliquaire de la Sainte
Epine de Bari (Italie).

1499. La première avait été donnée au duc Jean Galeazzo Visconti, en 1400, par Emmanuel III Paléologue, empereur de Constantinople, lors de son séjour à Pavie : l'autre fut envoyée à Pavie par Philippe de Valois, qui la détacha de la Couronne de la Sainte-Chapelle.

Quand vers 1378, les derniers ossements de saint Louis, restés à Montréal, furent transférés en France, Charles V, en souvenir de son aïeul, envoya à la Cathédrale de nombreuses reliques : parmi elles, figurait un vase précieux, contenant une Epine de la Couronne du Seigneur.

En mai 1356, Jean le Bon envoie à Metz, à Charles IV empereur d'Allemagne, par le Dauphin Charles, duc de Normandie, à l'occasion des fêtes de la Sainte Couronne et des Clous, en Allemagne, deux Épines. D'autre part, un *vidimus* de 1541, encore conservé aux Archives de Prague, fait mention d'une Épine, au trésor déjà en 1353. On ne saurait dès lors affirmer que l'Épine qui surmonte la couronne de Bohème (fig. 30), exécutée pour Charles IV (1347-1378), vient bien de la Sainte-Chapelle de Paris.

Louis I de Bourbon, fondant le 16 juin 1355 la Sainte-Chapelle de Bourbon-l'Archambault, lui offrit une grande quantité de reliques. Dans une croix d'orfèvrerie, enrichie de trente grosses perles et de cinq pierres précieuses, que Louis II fit exécuter en 1393, on plaça une Épine de la Sainte Couronne. Elle est aujourd'hui dans un tabernacle fermé par une grille de fer forgé, dernier vestige de la Sainte-Chapelle (fig. 31).

L'authentique de l'Epine que Charles V donna à la

Fig. 30.

La couronne de Bohême avec une Sainte Épine dans la croix.
du sommet.

Fig. 31.

Le tabernacle de la Sainte Épine, à Bourbon-l'Archambault.

Sainte-Chapelle de Vincennes, fut simplement gravé sur la couronne d'orfèvrerie qui la contenait. Il a donc été détruit, quand le reliquaire fut fondu à la Révolution.

On sait comme Louis XI aimait à s'entourer de reliques. Aussi ne manqua-t-il pas d'envoyer le 11 février 1482, à Notre-Dame de Cléry, qu'il affectionnait particulièrement, et où il voulait être enterré, une Sainte-Épine, enclose dans un cristal monté en or, qui a disparu en 1631.

Au contraire c'est l'Épine qui a disparu d'un petit coffret, contenant, parmi d'autres reliques, une Épine de la Couronne de Paris, conservé à Venise où il est arrivé après la bataille de Fornoue ; il avait été pris sur le valet de chambre de Charles VIII, Gabriel de la Boudinière, alors qu'au passage du Taro, il défendait les bagages du Roi. Ce fut un nommé Crisoporo Viscallo qui, s'en étant emparé, l'offrit à la Seigneurie de Venise. Elle le récompensa magnifiquement, le 16 août 1495, par cinquante ducats, un sauf-conduit pour homicide et une rente viagère mensuelle de dix florins ; ce reliquaire existe encore, mais sans les reliques. Ce qui est curieux, c'est que ce Viscallo, de retour dans son pays, remit à Antonio de' Boselli, curé de San Giovanni Bianco, une Épine ; ne serait-elle pas, par hasard, l'Épine disparue du coffret royal de Charles VIII ?

L'Inventaire du duc Jean de Berry nous fait connaître la présence dans son trésor, en 1416, de sept Épines. Sa parenté royale, jointe à son goût bien connu des reliques les plus précieuses, ne sauraient nous laisser de doute sur leur authenticité. Mais c'est surtout celle qui était renfermée dans une couronne d'or, que nous devons retenir ; en signalant toutefois celle qui fut donnée au roi des Romains, Wenceslas, fils de Charles IV, empereur d'Allemagne, et aussi celle qui fut offerte au duc d'York.

Nancy a possédé cinq épines. Celle de la Collégiale de Saint-Georges avait été donnée à Raoul de Lorraine, fondateur de la Collégiale, par Philippe VI de Valois ; une autre aurait été un présent de Charles VII à René I de Lorraine (1432-1455). Les trois dernières proviendraient soit de Pascal II, soit de Constantinople.

Pierre du Chatel, évêque de Mâcon, Grand Aumônier de France, fit en 1549, au nom de Henri II, une levée de reliques à la Sainte-Chapelle ; elle nous permet de constater qu'à ce moment, il ne restait plus que cinq épines dans le Trésor. Il en est une en plus, dont il n'a pas été question, celle des rois d'Ecosse, qui avait été envoyée par saint Louis au roi Alexandre III ; ignorant la date de l'envoi nous ne l'avons pas signalée plus haut. Nous la connaissons maintenant, parce qu'en montant sur l'échafaud en 1587, Marie Stuart la donna au Comte de Northumberland. Elle est aujourd'hui à l'église de Saint-Michel de Gand (fig. 32).

Le règne de Henri IV verra disparaître les trois dernières Épines de la Sainte-Chapelle. En 1607 le Roi en offrit une au P. Jean Alvrès, S. J., de Coïmbre (Portugal) qui eut grande part à l'absolution et à la réhabilitation de Henri IV par le Saint-Siège. Elle fut conservée dans le trésor du Collége d'Evora jusqu'à la destruction de la Compagnie en Portugal.

Les deux dernières Epines se trouvent dans l'inventaire de Marie de Médicis, de 1645. L'une fut offerte à

Fig. 32.
Le reliquaire de la Sainte Epine de Marie Stuart,
à Saint-Michel de Gand.

M. de la Potterie, prêtre de Saint-Jacques du Haut Pas,
qui la déposa, le 23 mars 1656, à la Maison de Port Royal,

où nous la voyons opérer de réels miracles ; le sort de la seconde est ignoré.

*
* *

Ainsi furent dispersées dans l'Europe entière, jusqu'à la dernière, les épines de la Sainte Couronne de Paris. Plus de cinq cent cinquante demeurent encore, dont l'histoire est à faire. Mais il apparaît bien que ce sont simples souvenirs pieux de pèlerinages en Terre Sainte. Elles ne paraissent pas avoir jamais appartenu à la Sainte-Couronne, dont, seule, demeure intacte, dans le Trésor de Notre Dame de Paris, la Couronne de joncs, sur laquelle furent tressées les branches cruelles de *Zizyphus*, cueillies par les bourreaux du Sauveur le long de la Voie Douloureuse.

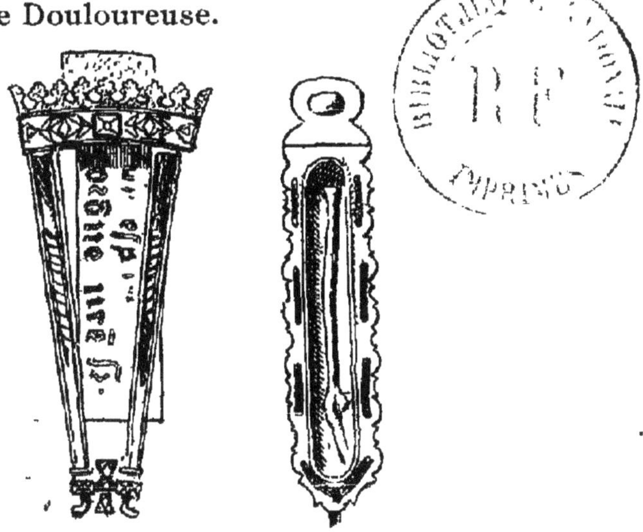

Fig. 33

Reliquaire de la Sainte Epine du Grand-Séminaire d'Autun.

TABLE DES GRAVURES

Pages

INDEX

IMP. DES PRESSES UNIVERSITAIRES DE FRANCE

9 782329 210636